釋文

① 卒四人　堠户厭破不事用負二算　堠塢不塗堊負十六算　縣索三行一里卌六步弊絶不易負十算
次呑隧長長舒　一人省　木長捶二柄　長負二算　反笱一弊負二算　積薪垛皆不堊負八算
一人車父在官已見　直上蓬千柱櫝木一解隨負三算　天田八埒十步不塗不負一縣索緩一里負三算　·凡負卌四算
二人見

② 臨之隧卒魏郡内黄宜民里尹宗　責故臨之隧長薛忘得鐵斗一直九十尺二寸刀一直直卅緹績一直廿五凡直百卌五
同隧卒魏郡内黄城南里吴故　責故臨之隧長薛忘三石布囊一曼索一具皆藺忘得不可得忘得見爲復作

③ 貨甲渠候史張廣德錢二千責不可得書到驗問審如猛言爲收責言謹驗問廣德
對曰迺元康四年四月中廣德從西河虎猛都里趙武取穀錢千九百五十約至秋予

④ 官=屬=明
詔有驩欣嘉詳吉事賞賜未尚不蒙恩也恩德固可毋報哉臣子之職寧可廢耶

⑤ 止北隧戍卒魏郡陰安左池裏賈廣　十二月内寅病寒熱喉痛

⑥ 戍卒東郡臨邑武陽裏文□　六石具弩一銅釽郭系弦䊀完　槀矢五十
弩幡一完　蘭=冠各一完

⑦ 責不可得書到驗問審負知君錢白報謹驗問當辭曰迺十一月中從知君

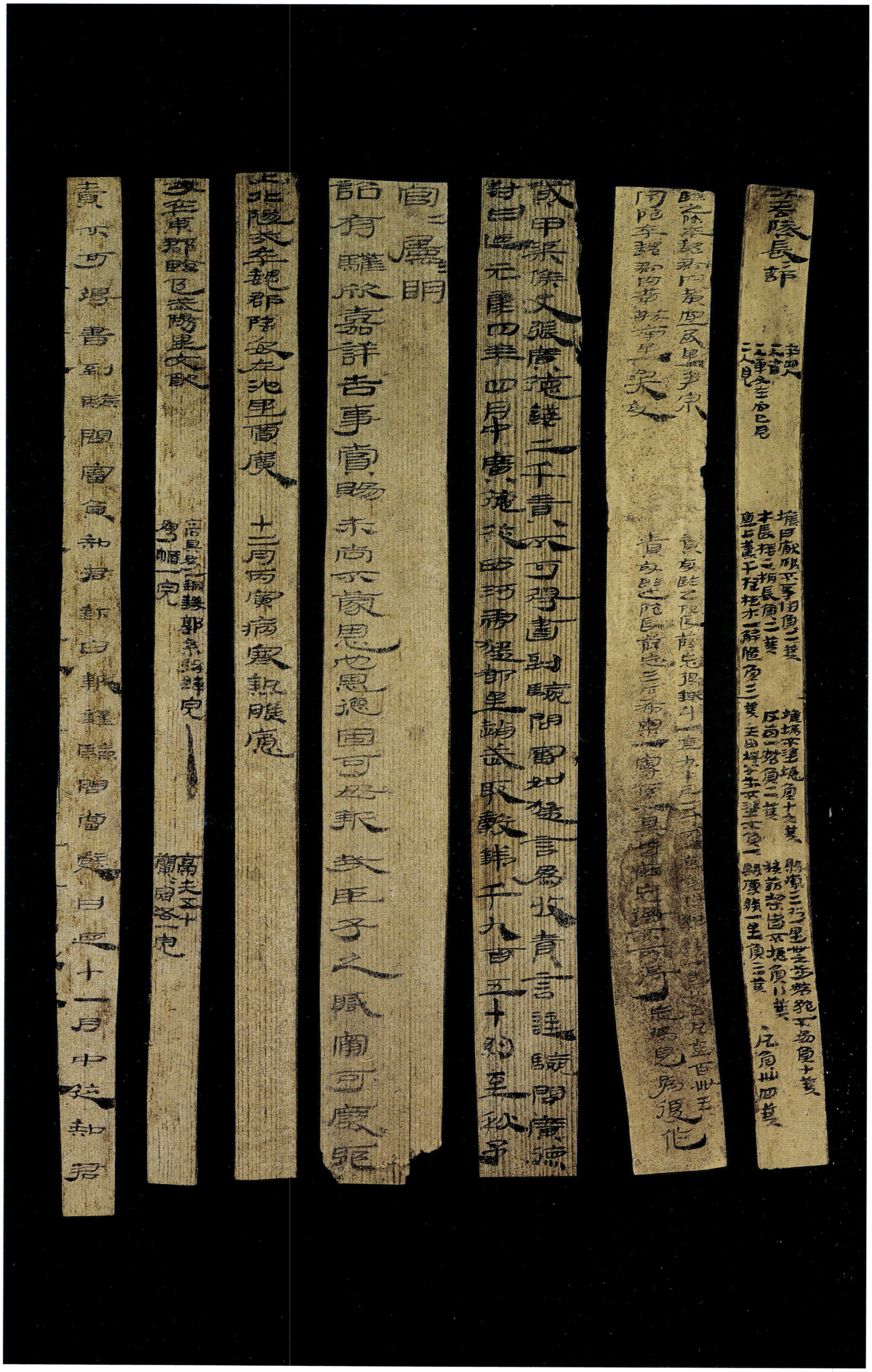

西漢·甲渠候官文書(1)

内蒙古額濟納旗破城子居延甲渠候官遺址出土

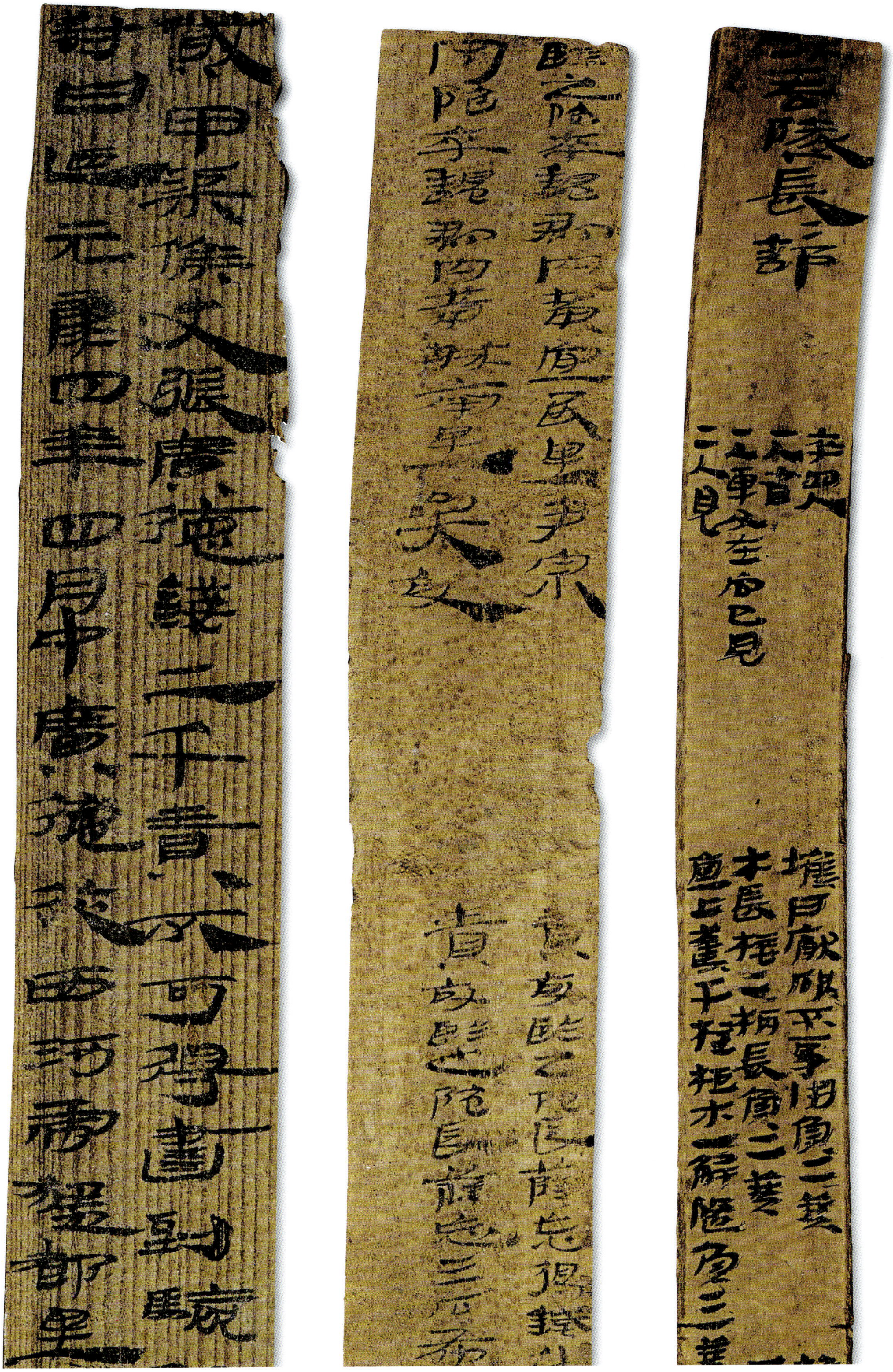

甲渠候官文書(1)(局部)

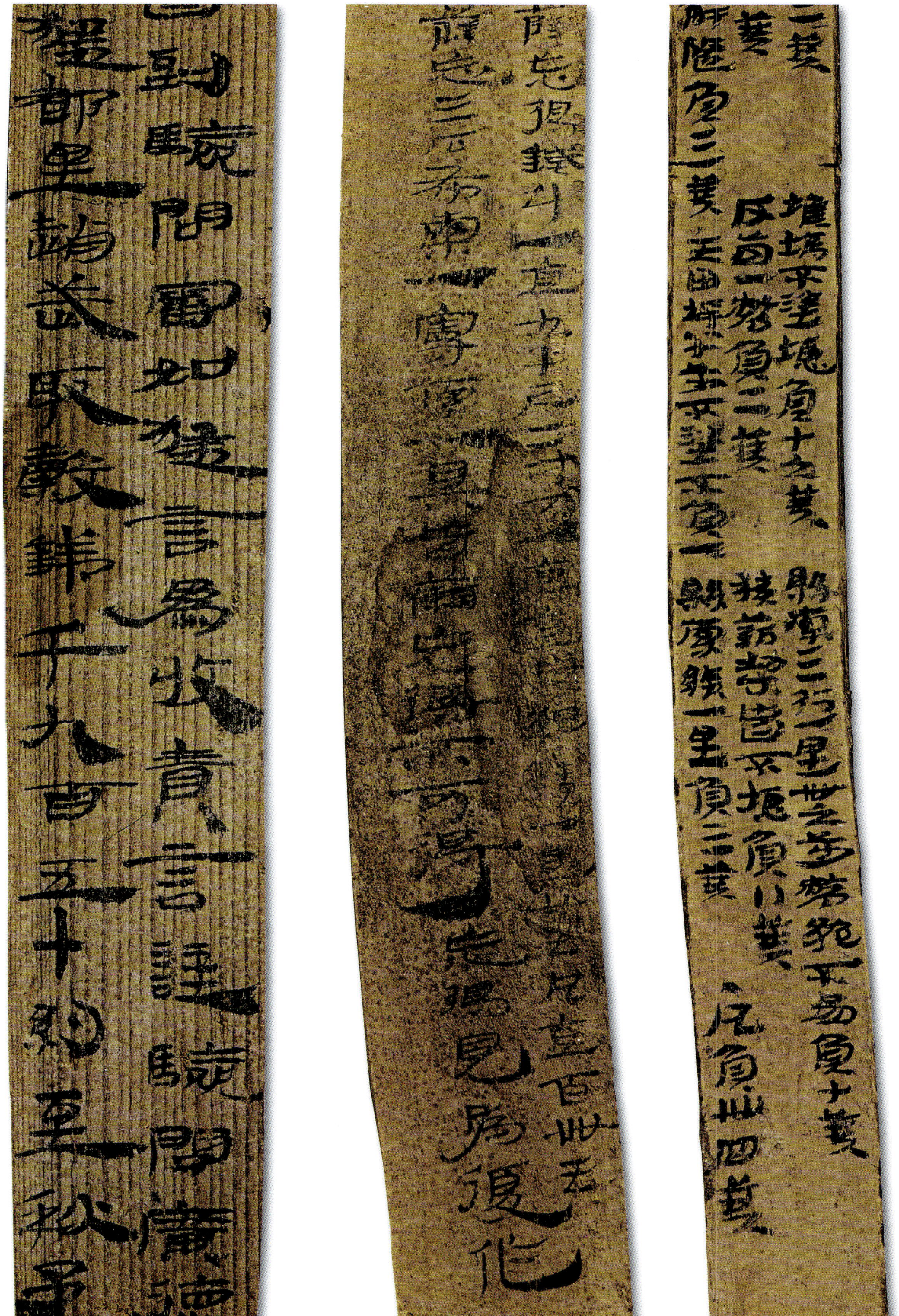

甲渠候官文書(1)(局部)

甲渠候官文書(1)(局部)

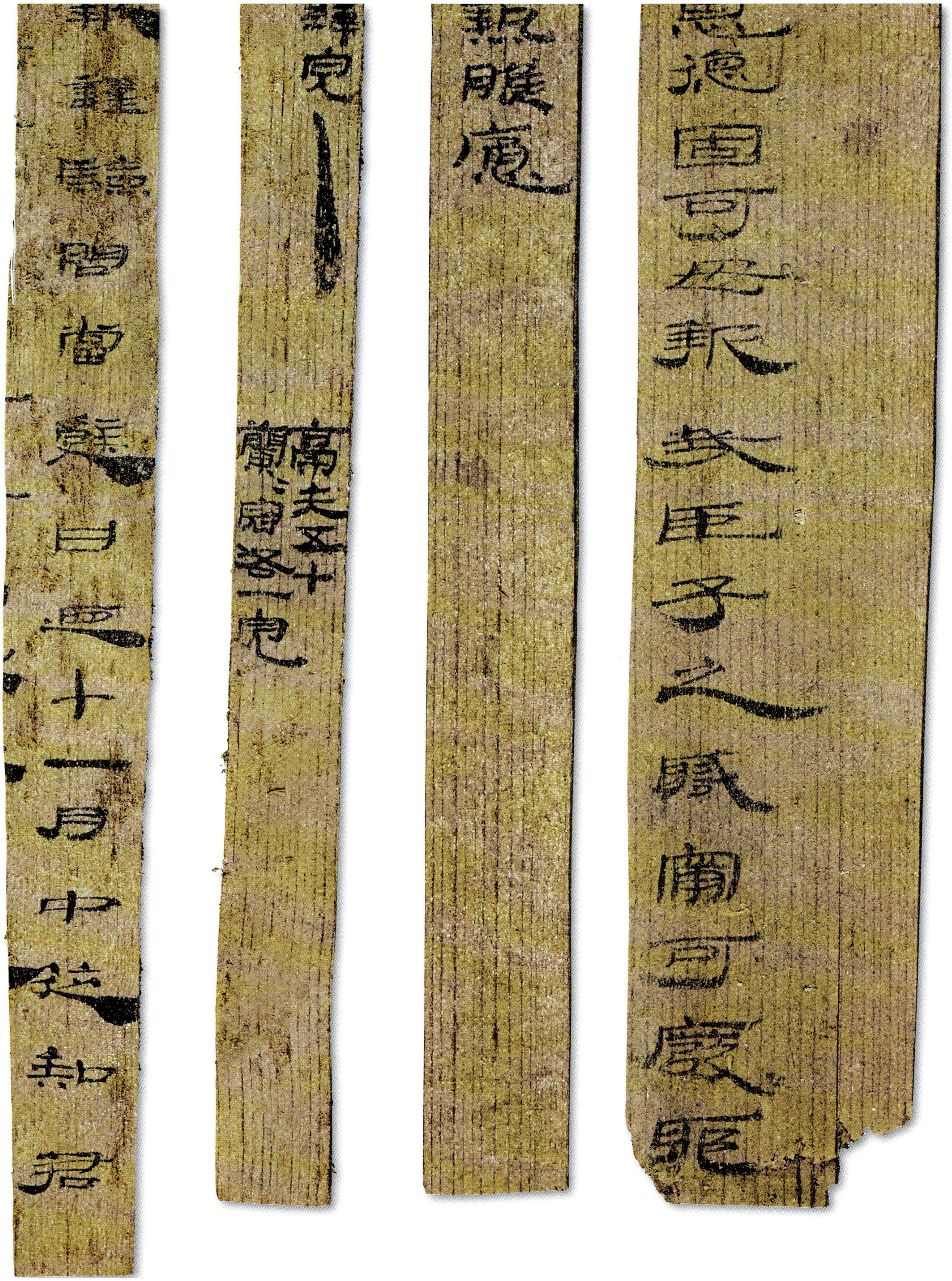

甲渠候官文書(1)(局部)

釋文

① 河平元年九月戊戌朔丙辰不侵守候長士吏猛敢言之謹驗問不侵候史嚴辭曰士伍居延鳴沙里年卅歲姓衣氏故民今年八月癸酉除爲不侵候史以日迹爲職嚴新除未有追逐器物自言尉駿所曰毋追逐物駿遣嚴往來毋過

② ☐日且入時嚴歸以戊申到郭東田舍嚴病傷汗即日移病書使弟赦付覆胡亭卒不審名字已酉有☐追逐器物盡壬子積六日即日嚴持絳單衣甲帶旁橐剌馬刀凡四物其昏時到部嚴期一日還

③ 河平元年九月戊戌朔丙辰不侵守候長士吏猛敢言之將軍行塞舉驅望隧長杜未央所帶劍刃生狗少一未央貧急輸毋以塞舉請

④ 庠免謁言官敢言之

⑤ ☐□敢舉文謁言敢言之

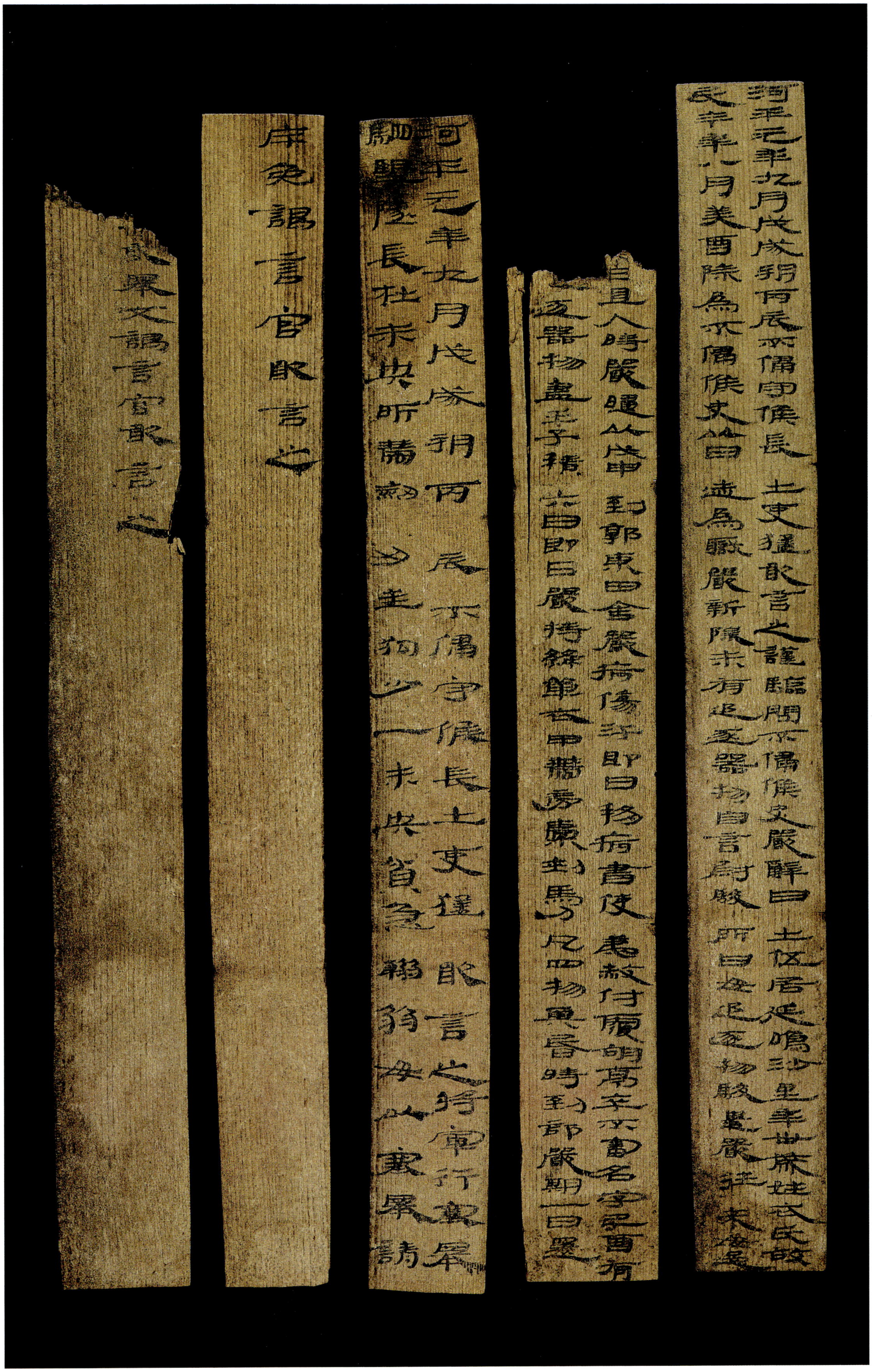

西漢・甲渠候官文書(2)

内蒙古額濟納旗破城子居延甲渠候官遺址出土

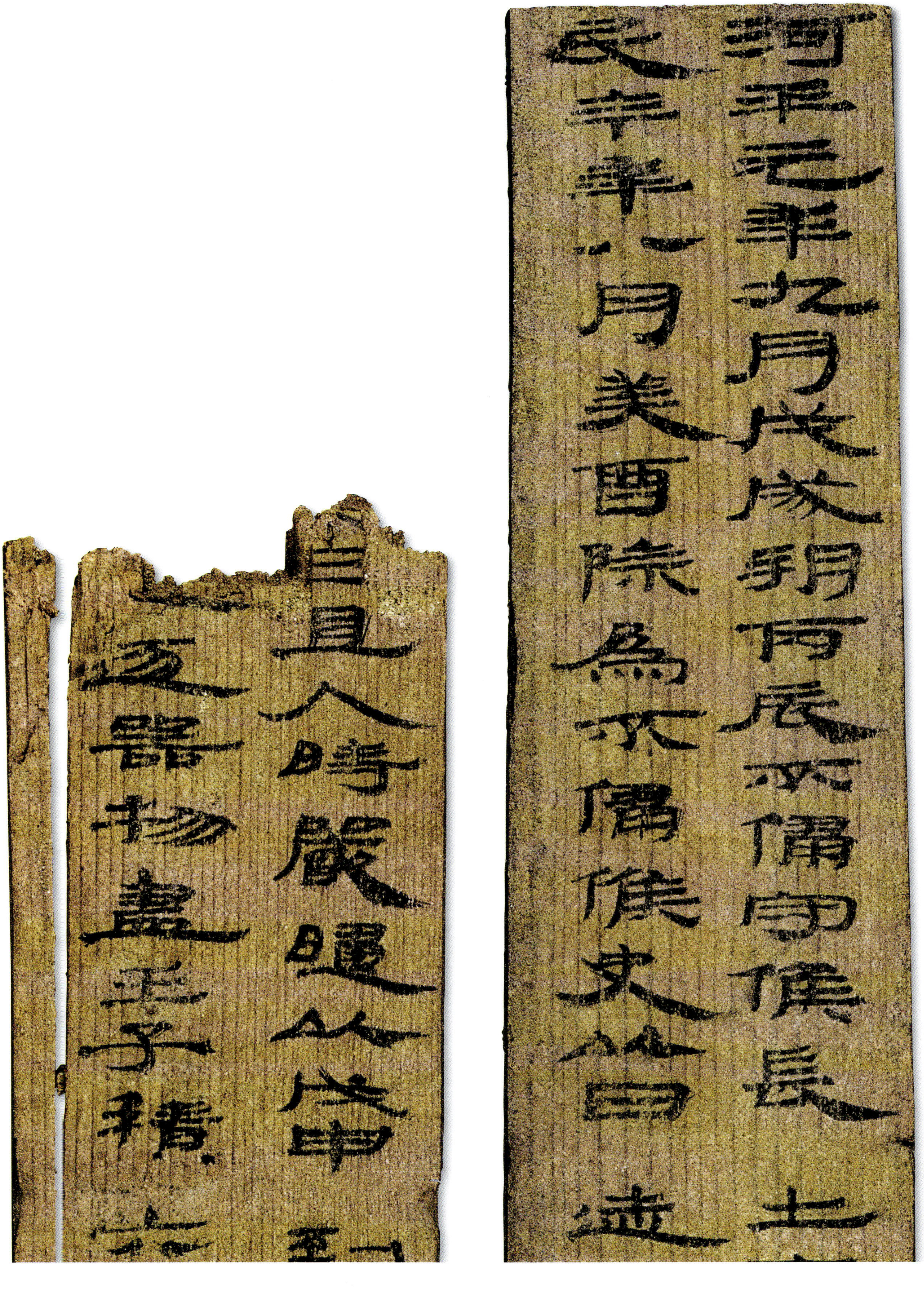

甲渠候官文書(2)(局部)

甲渠候官文書(2)(局部)

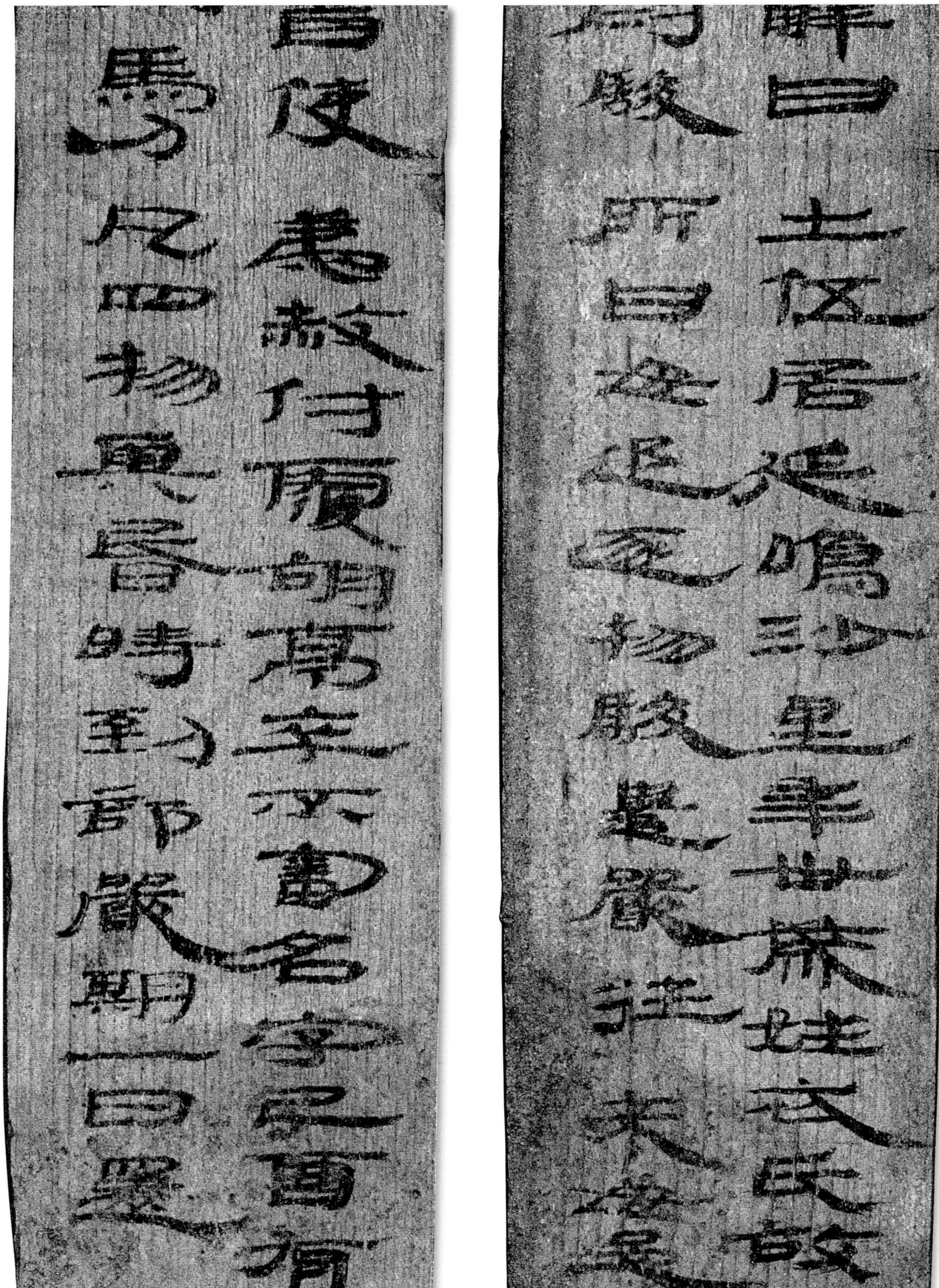

甲渠候官文書(2)(局部)

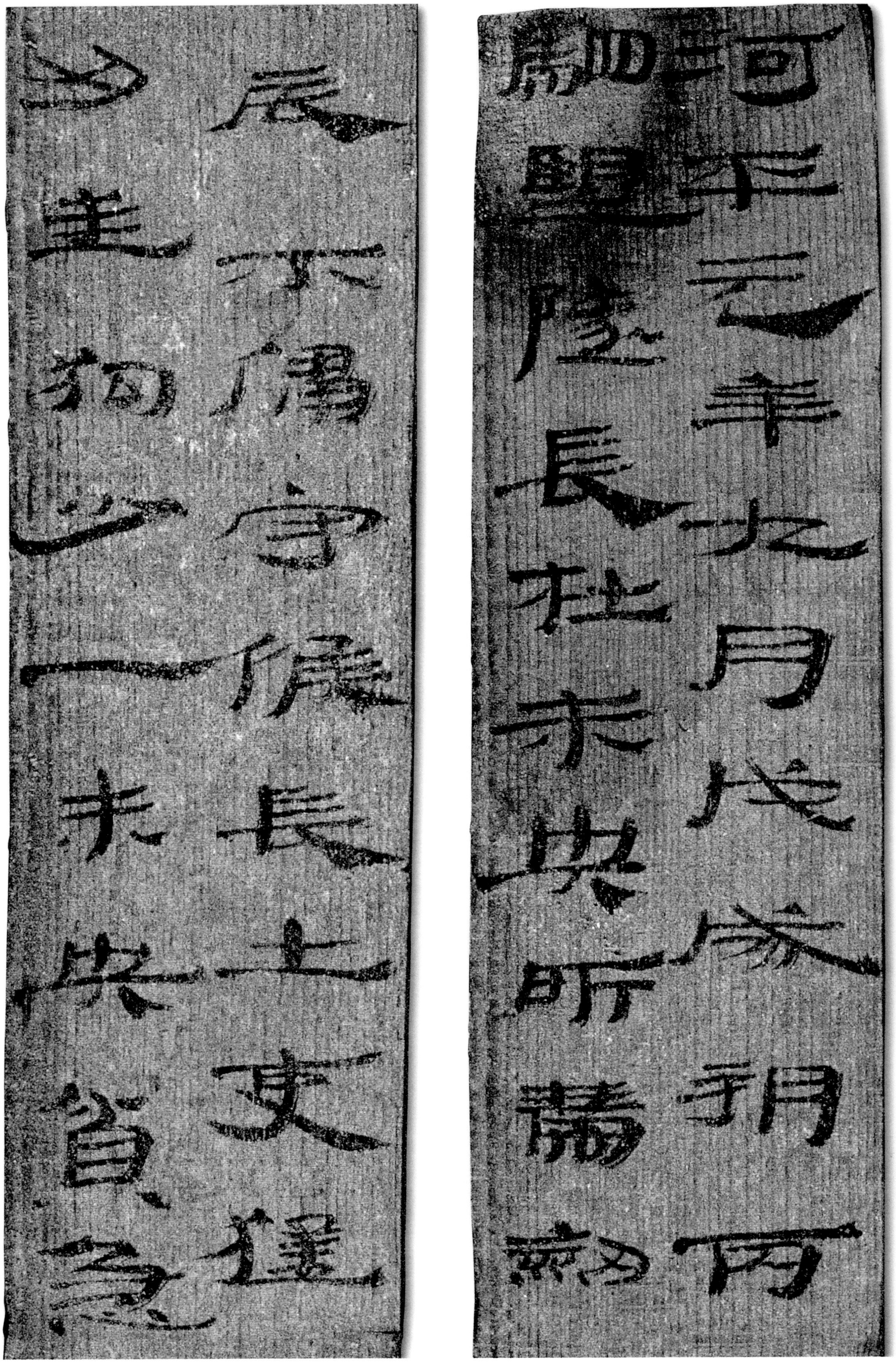

甲渠候官文書(2)(局部)

甲渠候官文書(2)(局部)

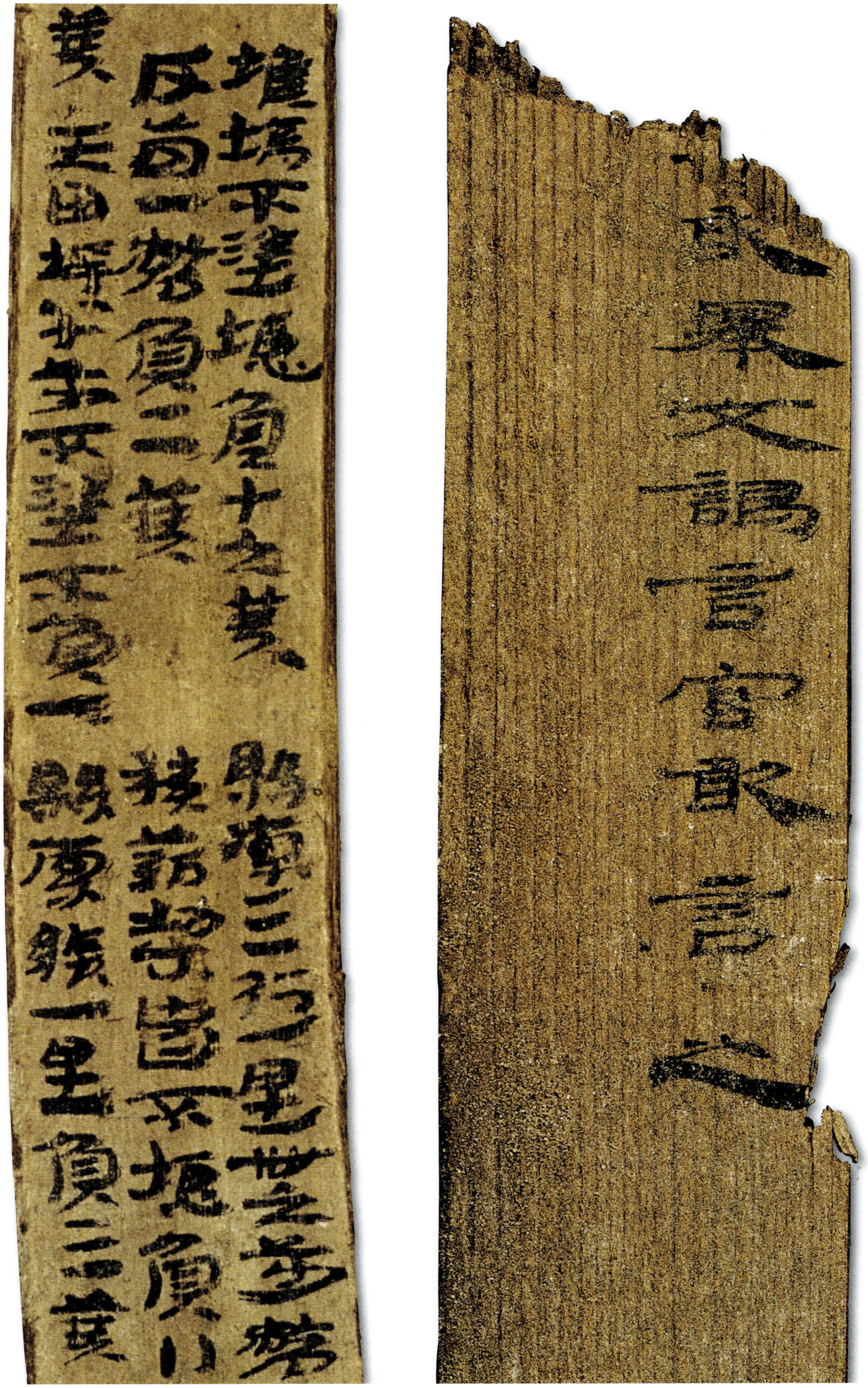

甲渠候官文書(局部)

釋文

① ·欲知劍利善故器者起拔之視之身中無推處者故 器也視欲知利善者必視之身中有黑兩桁不絶者

② 其逢如不見視白堅未至逢三分所而絶此天下利 善劍也又視之身中生如黍粟狀利劍也加以善

③ ·欲知敵劍以不報者及新器者之彐中辟視白堅隨 蓬上者及推處白黑堅分明者及無文縱有

④ 文而在堅中者及雲氣相遂皆敝合人劍也刀與 劍同等·右善劍四事·右敝劍六事

⑤ ·利善劍文縣薄文者保雙蛇文皆可帶羽圭中文 者皆可劍諒者利善强者表惡弱則利奈何

⑥ ·惡新器劍文鬥鷄征蛇文考粗考及皆凶不 利考·右敵劍文四事

西漢·《相利善劍》册

内蒙古額濟納旗破城子居延甲渠候官遺址出土　長22.8cm　寬1.1cm

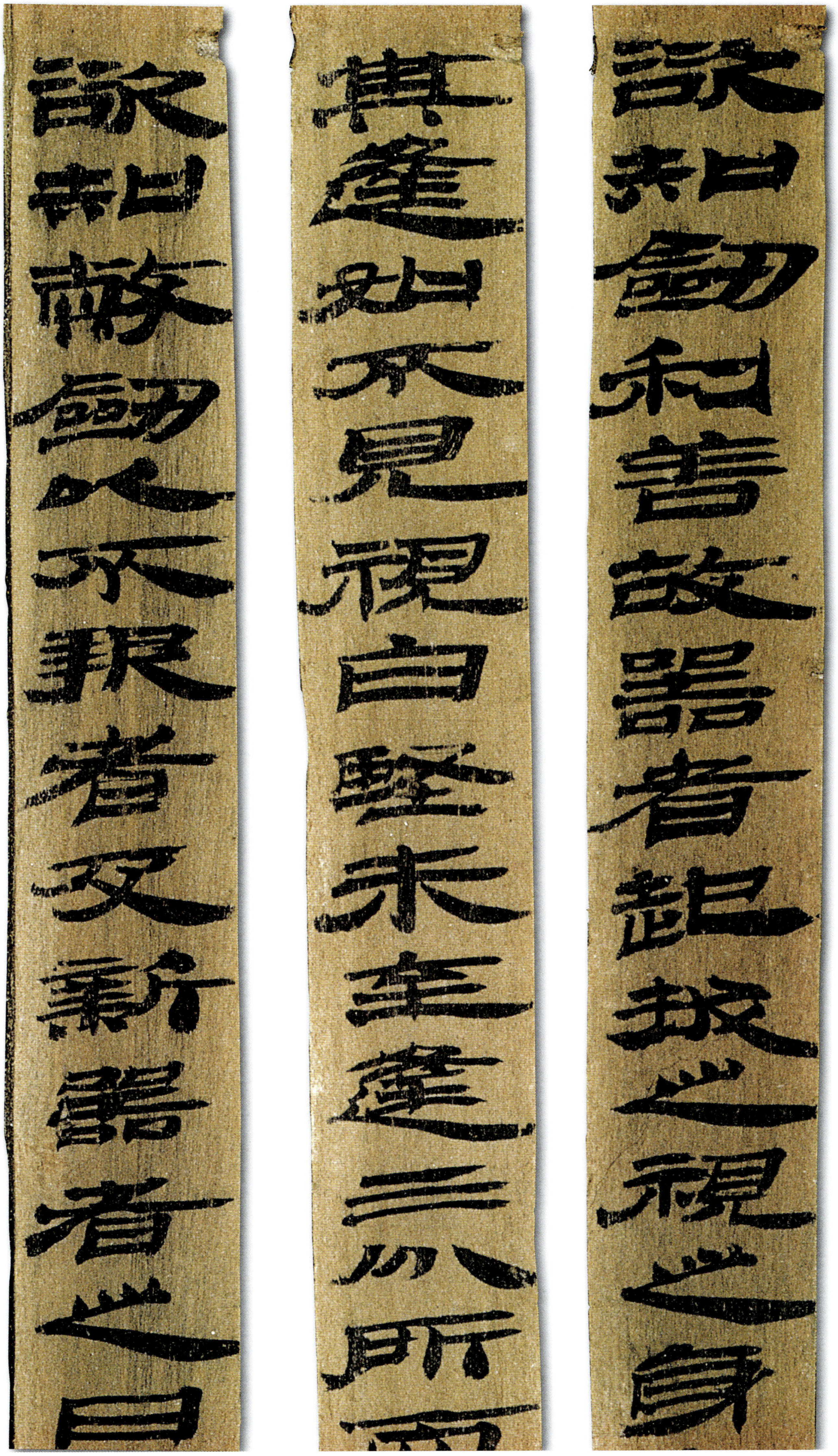

《相利善劍》册(局部)

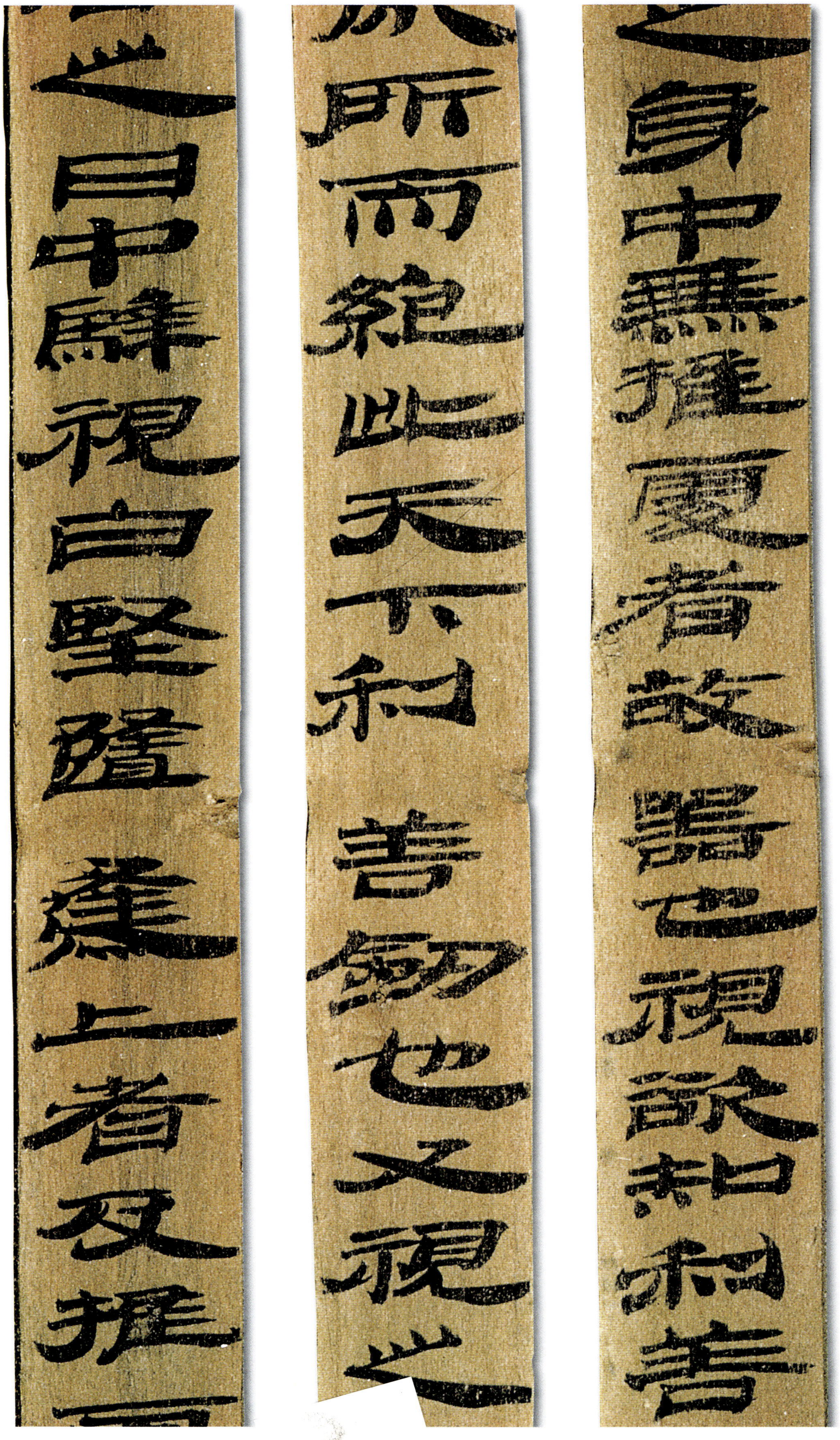

(局部)

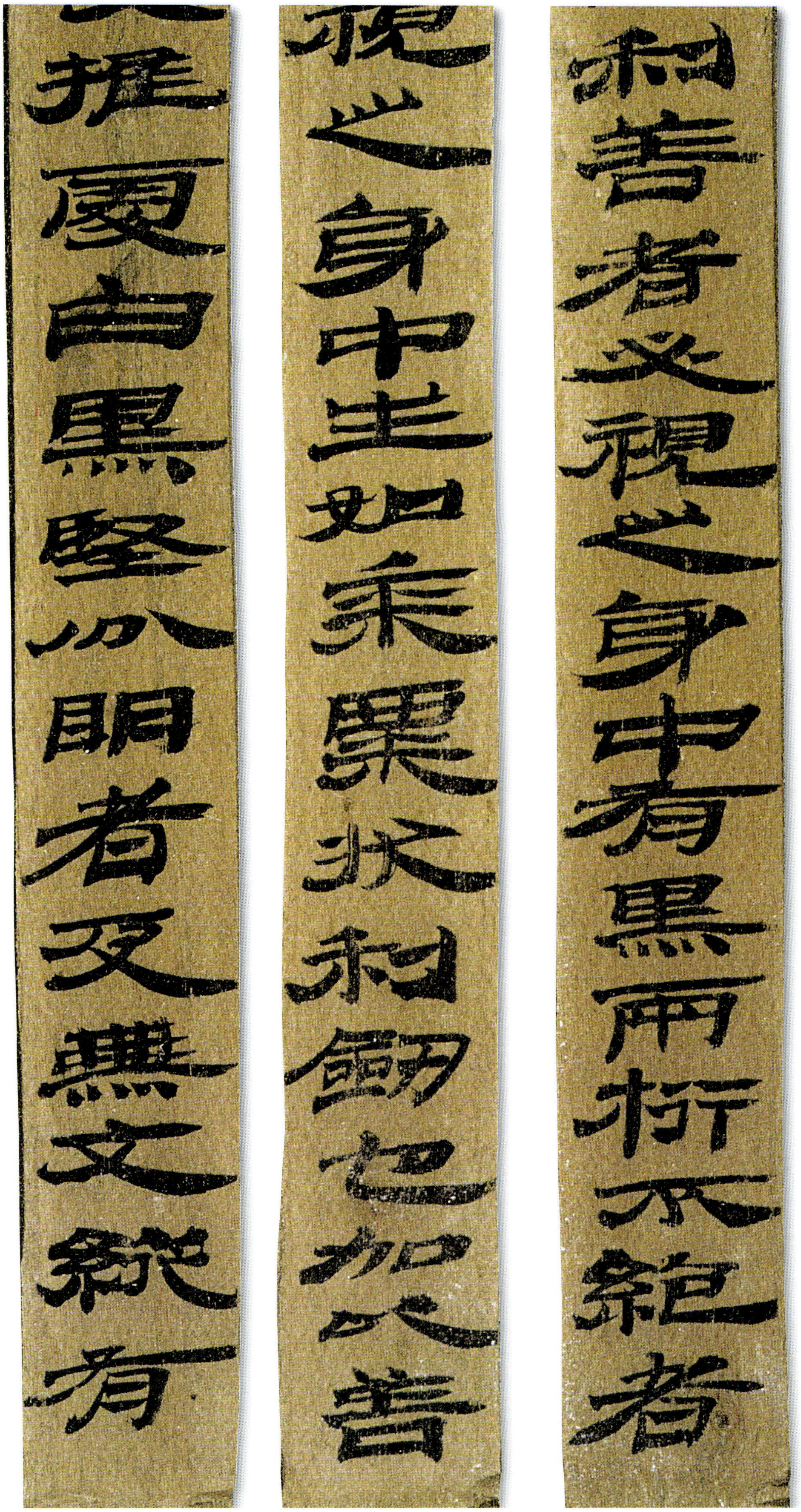

《相利善劍》冊(局部)

《相利善劍》册(局部)

《相利善劍》册(局部)

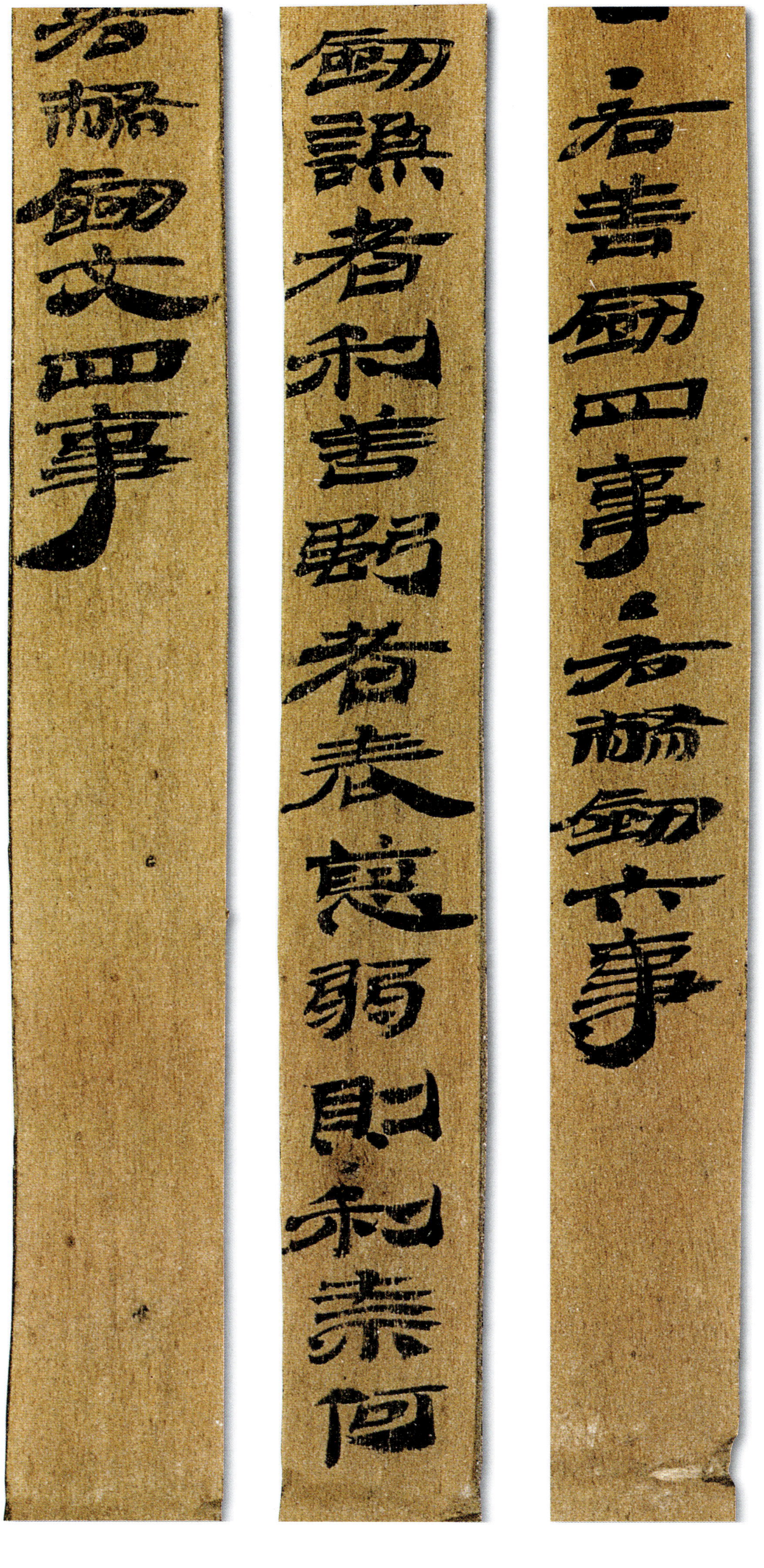

《相利善劍》册(局部)

釋文

① 始建國天鳳四年六月甲申朔丁酉三十井鄣候習敢言之謹移四月盡六月當食者案敢言之

② ・三十井候官始建國天鳳四年四月盡六月當食者案

③ 三月餘戍卒二十一人　四月盡六月積六十三月

④ 出戍卒二十一人　四月二十日盡六月減晦積四十九月

⑤ 入戍卒十九人　四月盡六月積五十柒月

⑥ 出戍卒十九人　四月盡五月三日減積二十月二十柒日

⑦ 入戍卒四十一人　四月盡六月積百二十三月

⑧ 出戍卒四十一人　四月盡五月三日減積四十一月

⑨ 入戍卒柒人　四月盡五月四日積二十一月

⑩ 出戍卒柒人　四月盡五月四日減積柒月□月

⑪ 入戍卒二十八人　四月盡六月積八十四月〼

⑫ 出戍卒二十八人　五月晦減積五十六月

⑬ 凡戍卒百一十六人　四月盡六月定積百柒十三月五日

新・《當食者案》册

内蒙古額濟納旗破城子居延甲渠候官遺址出土　長23cm

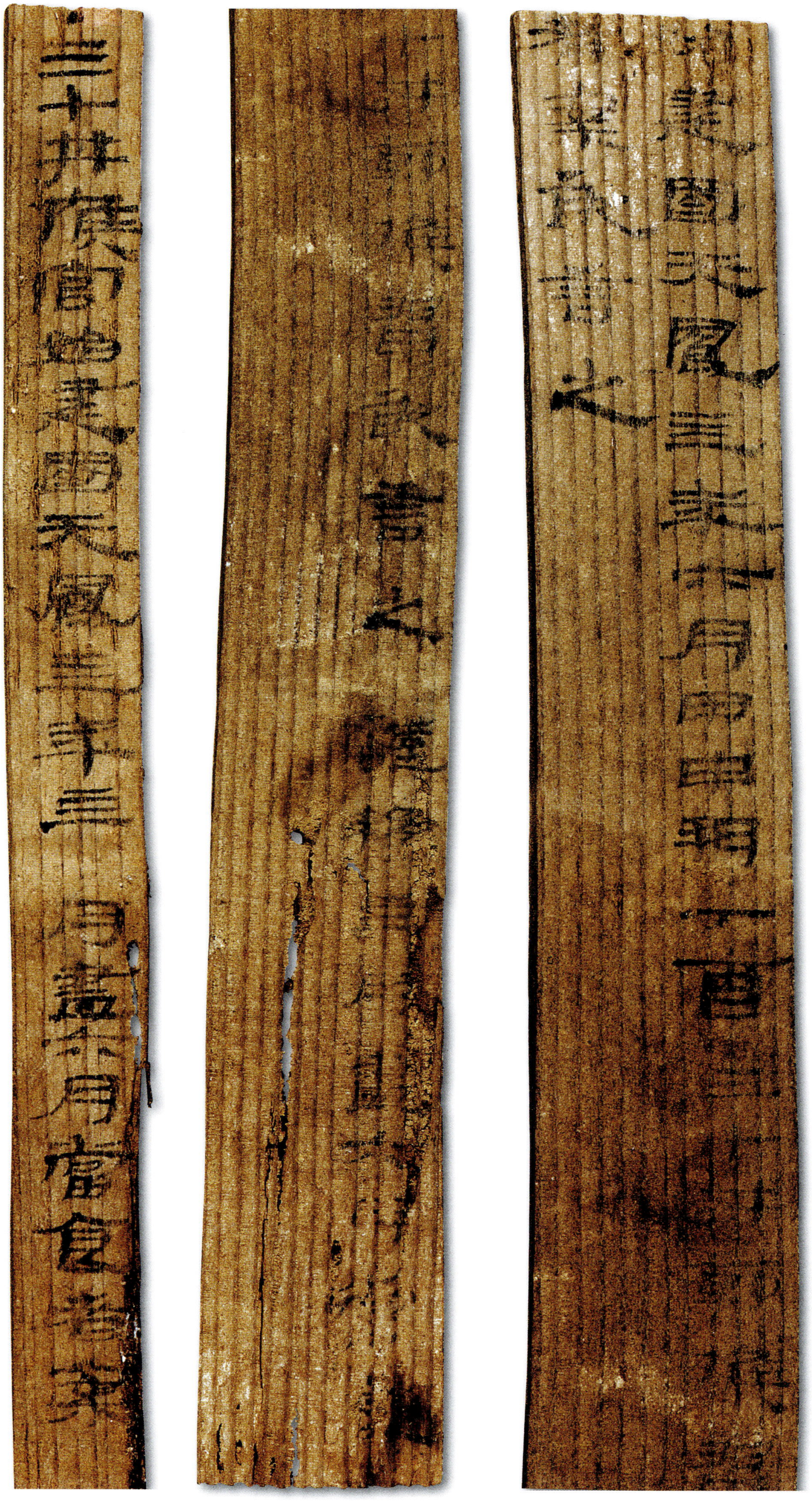

《當食者案》册(1)(局部)

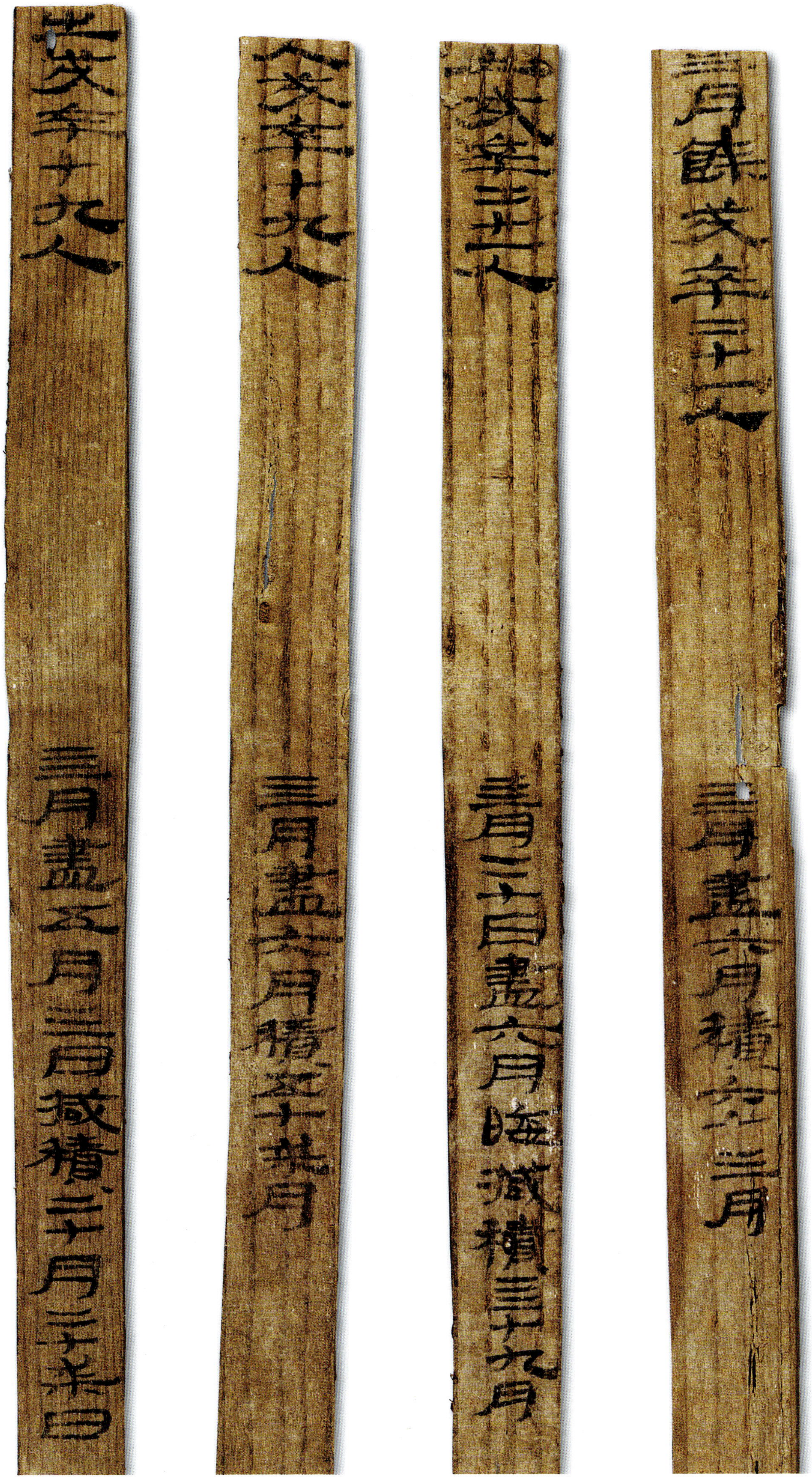

《當食者案》册(1)(局部)

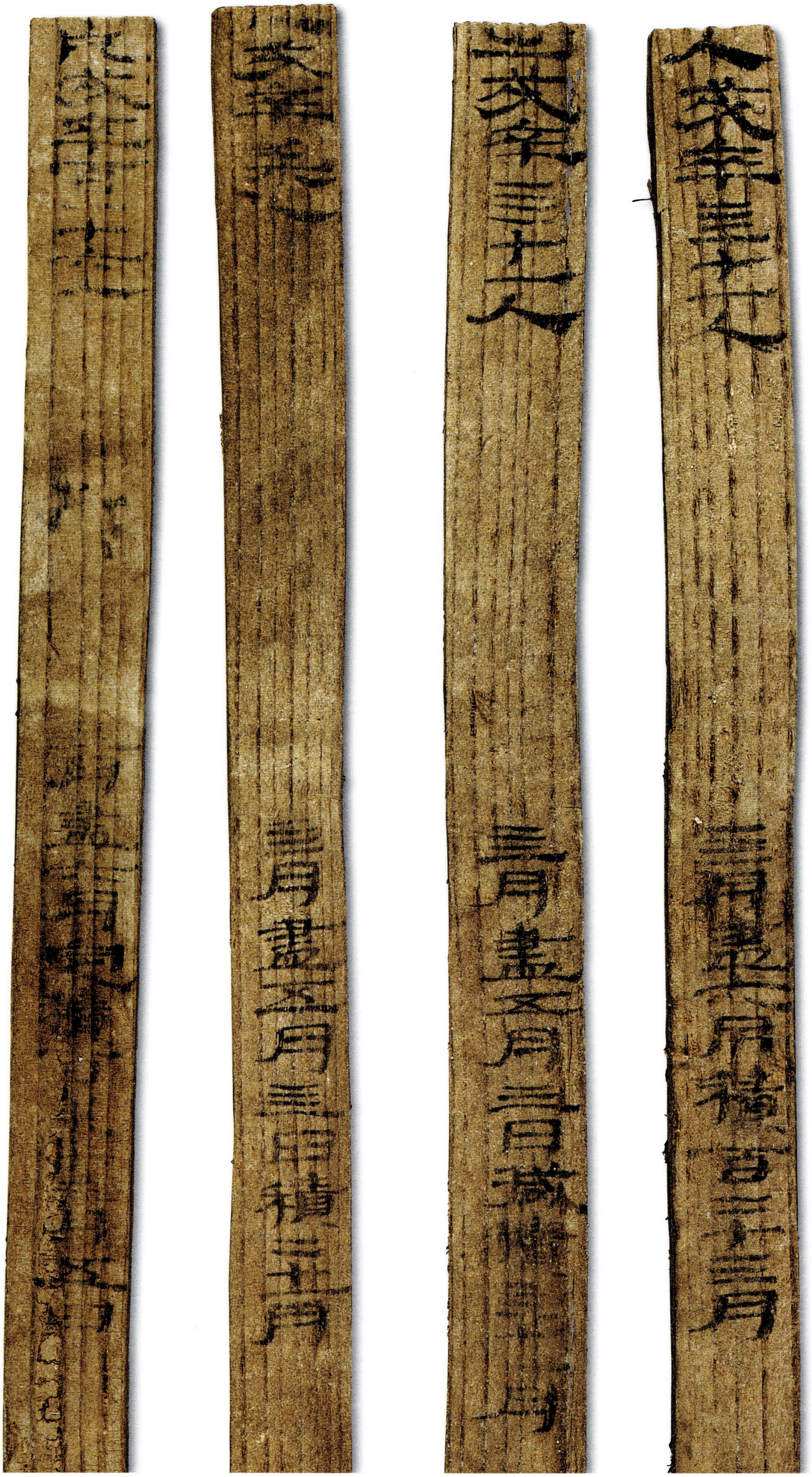

《當食者案》册(2)(局部)

釋文

① 建武六年七月戊戌朔乙卯甲渠鄣守候　敢言之府移大將軍莫府書曰奸黠吏
民作使賓客私鑄作錢薄小不如法度及盜發冢公賣衣物于都市雖知莫譴苛百姓患苦之

② 甲渠言部吏毋鑄作錢發冢
販賣衣物於都市者

③ 書到自今以來獨令縣官鑄作錢令應法度禁吏民毋得鑄作錢及挾不行錢輒行法詣販賣
發冢衣物於都市輒收没入縣官四時言犯者名狀・謹案部吏毋犯者敢言之

④ ・甲渠言部吏毋
鑄作錢者

⑤ 不如舊時行錢法□自政罰令長吏知之及鑄錢所依長吏豪强者名有無四時者・謹案
部吏毋鑄作錢者敢言之

⑥ 建武六年七月戊戌朔乙卯☑
府書曰屬國秦胡盧水士民從兵起以來□☑

⑦ 匿之明千吏民諸作使秦胡盧水士民畜牧田作不遣有無四時言・謹案部吏毋作使
屬國秦胡盧水士民者敢言之

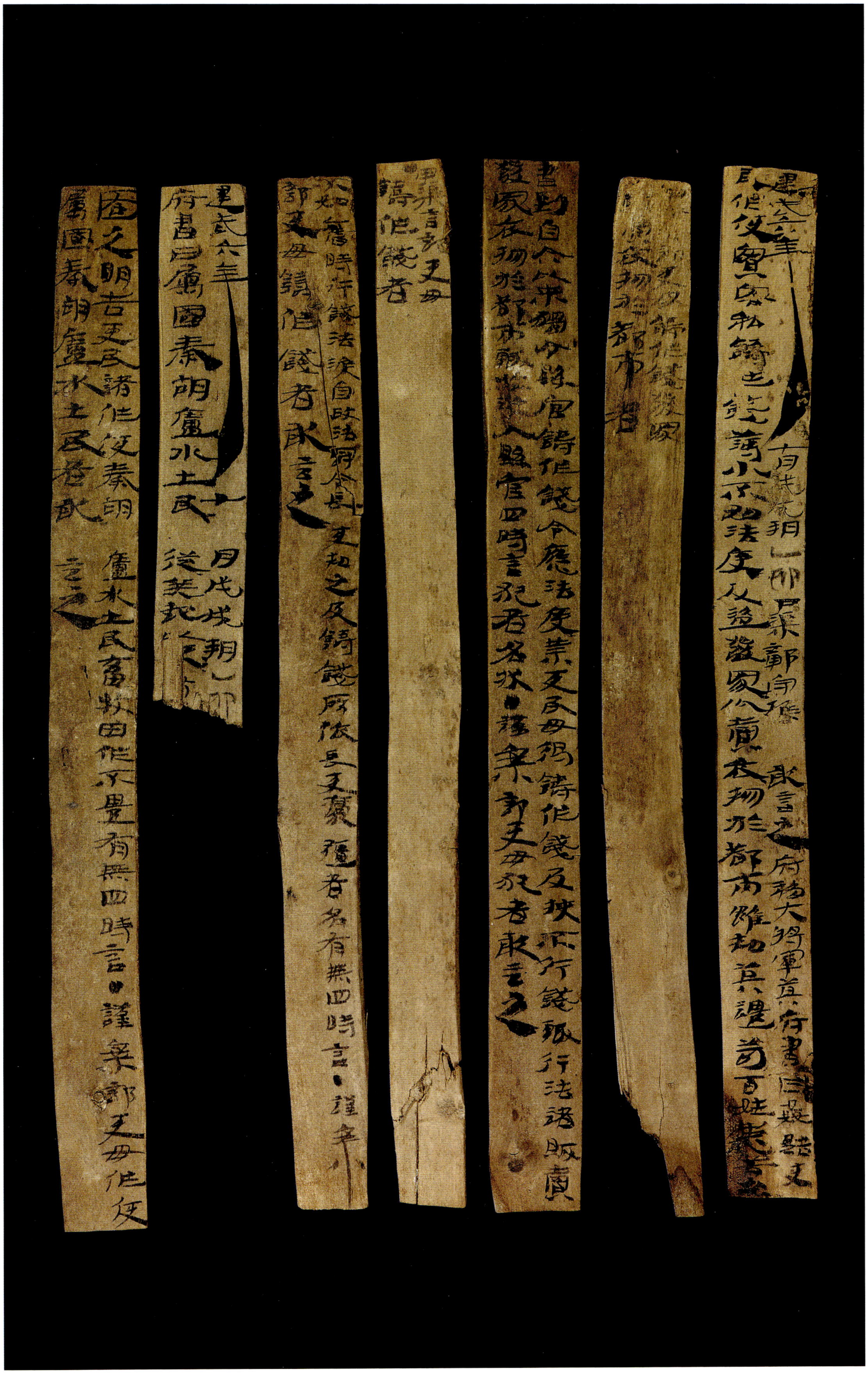

東漢・甲渠四時文書(1)

内蒙古額濟納旗破城子居延甲渠候官遺址出土　長23cm

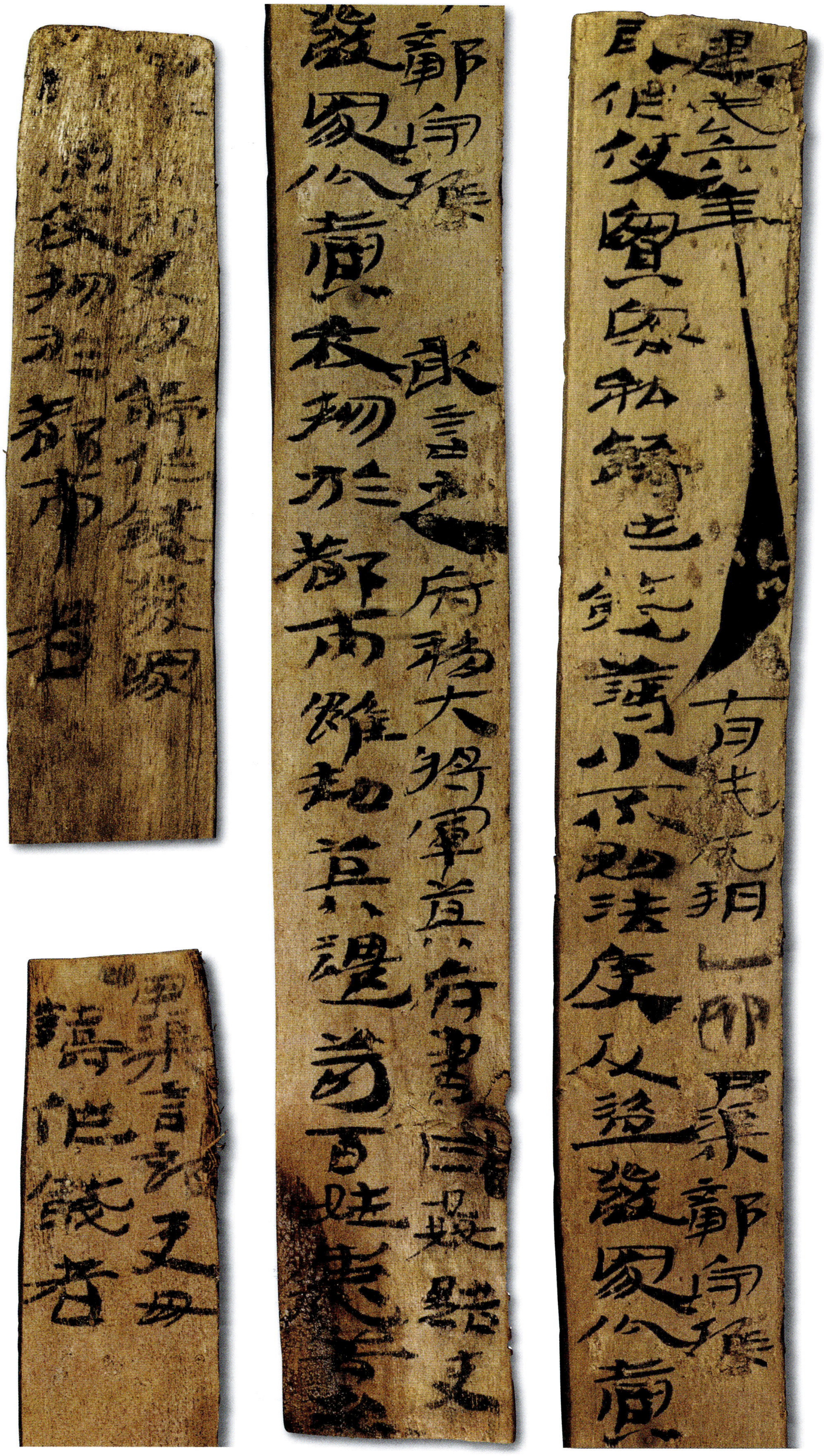

甲渠四時文書(1)(局部)

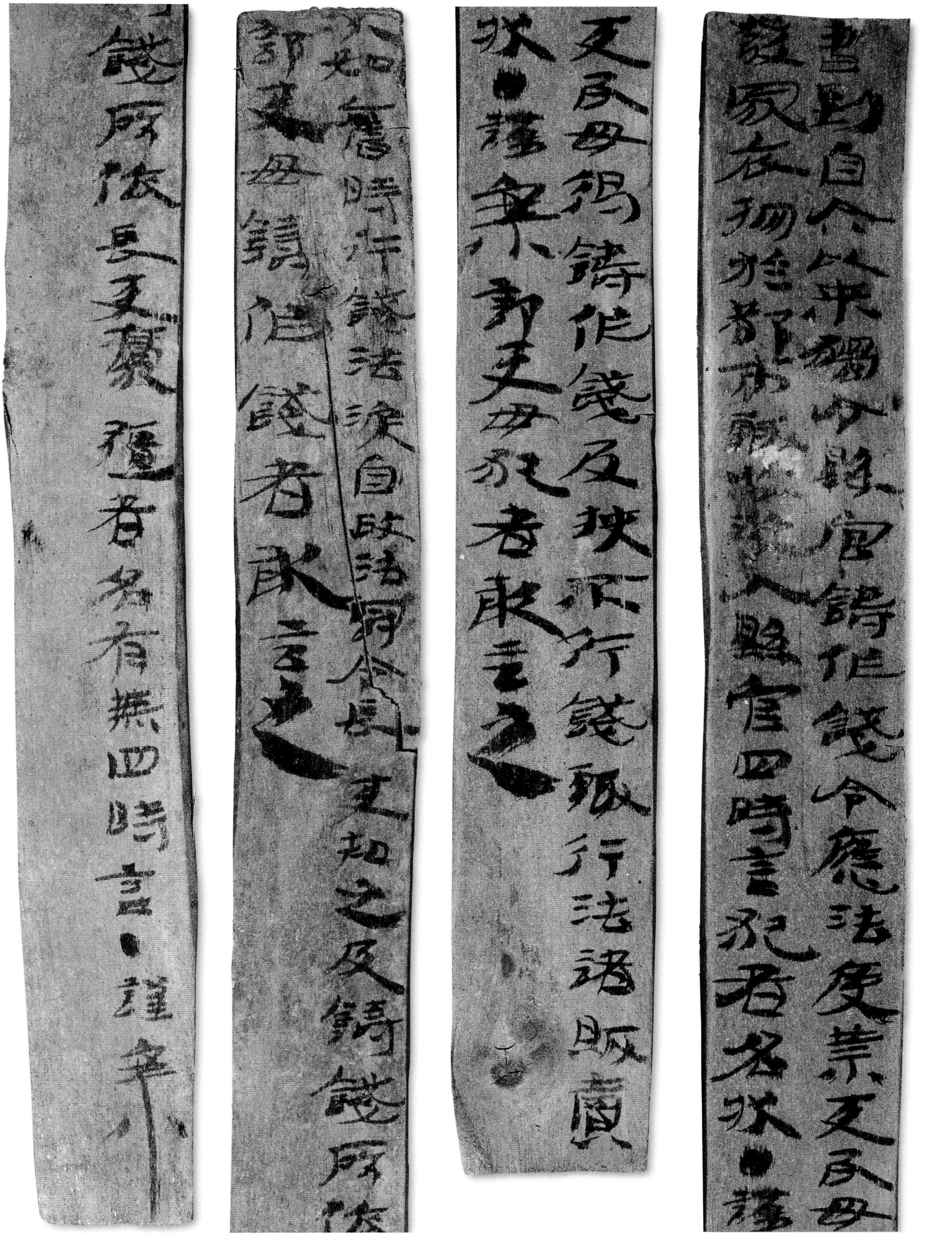

甲渠四時文書(1)(局部)

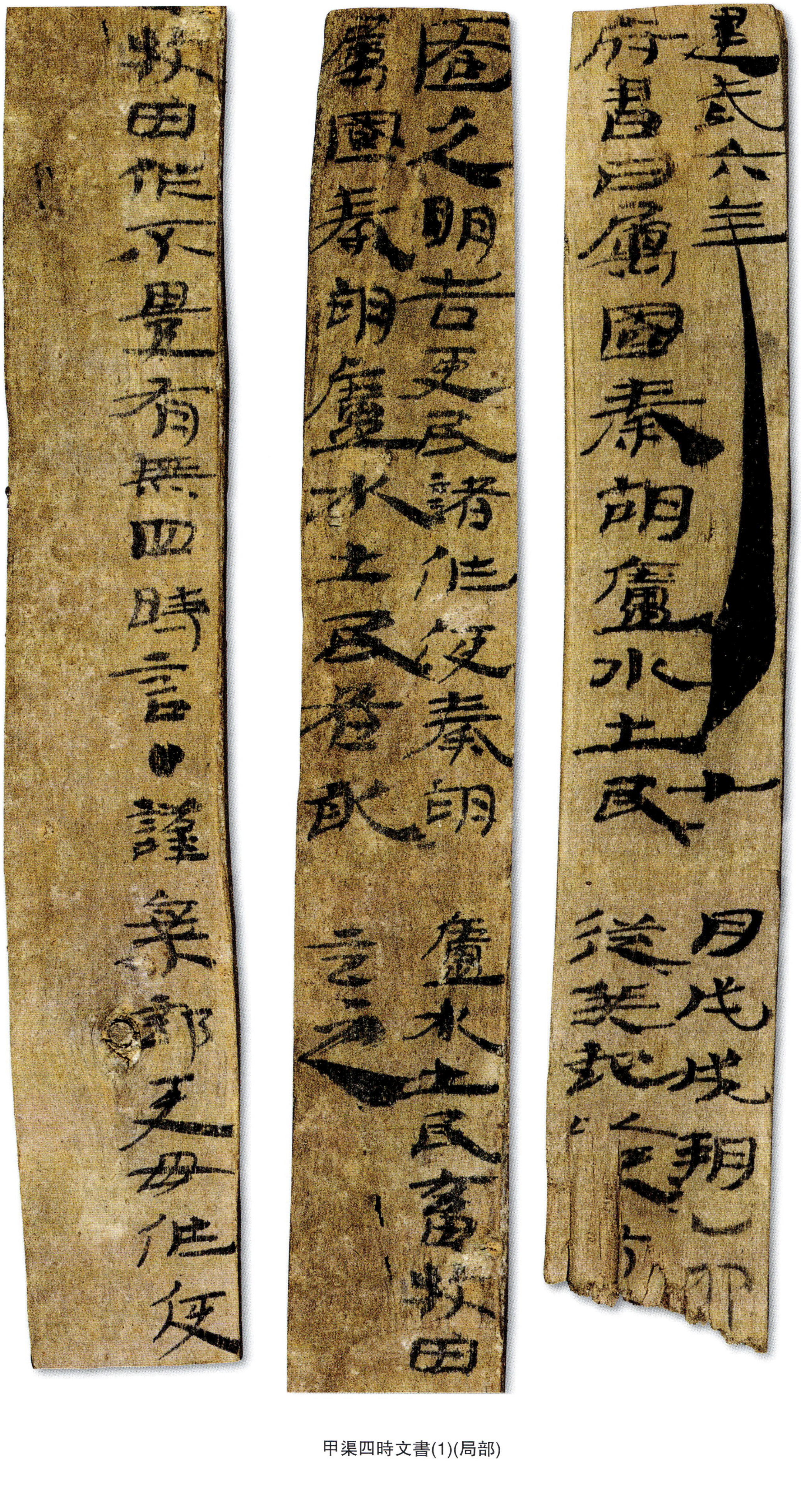

甲渠四時文書(1)(局部)

釋文

① 建武四年五月辛巳朔戊子甲渠塞尉放行候敢言事之府書曰吏毋犯四
時禁有無四時言・謹案部吏毋犯四時禁者敢言之

② 建武六年七月戊戌朔乙卯甲渠鄣守候　敢言之府書曰吏
民毋犯四時禁有無四時言・謹案部吏毋犯四

③ 時禁者敢言之

④ 建武六年七月戊戌朔乙卯甲渠鄣候　敢言之府書曰吏
民毋得伐樹木有無四時言・謹案部吏毋伐樹木

⑤ 建武四年五月辛巳朔戊子甲渠塞尉放行候事敢言□
謹移四月盡六月賦錢簿一編敢言之

⑥ 建武四年五月辛巳朔戊子甲渠塞尉放□□
謹移正月盡六月財物簿一編敢言之

東漢・甲渠四時文書(2)

内蒙古額濟納旗破城子居延甲渠候官遺址出土　長23cm

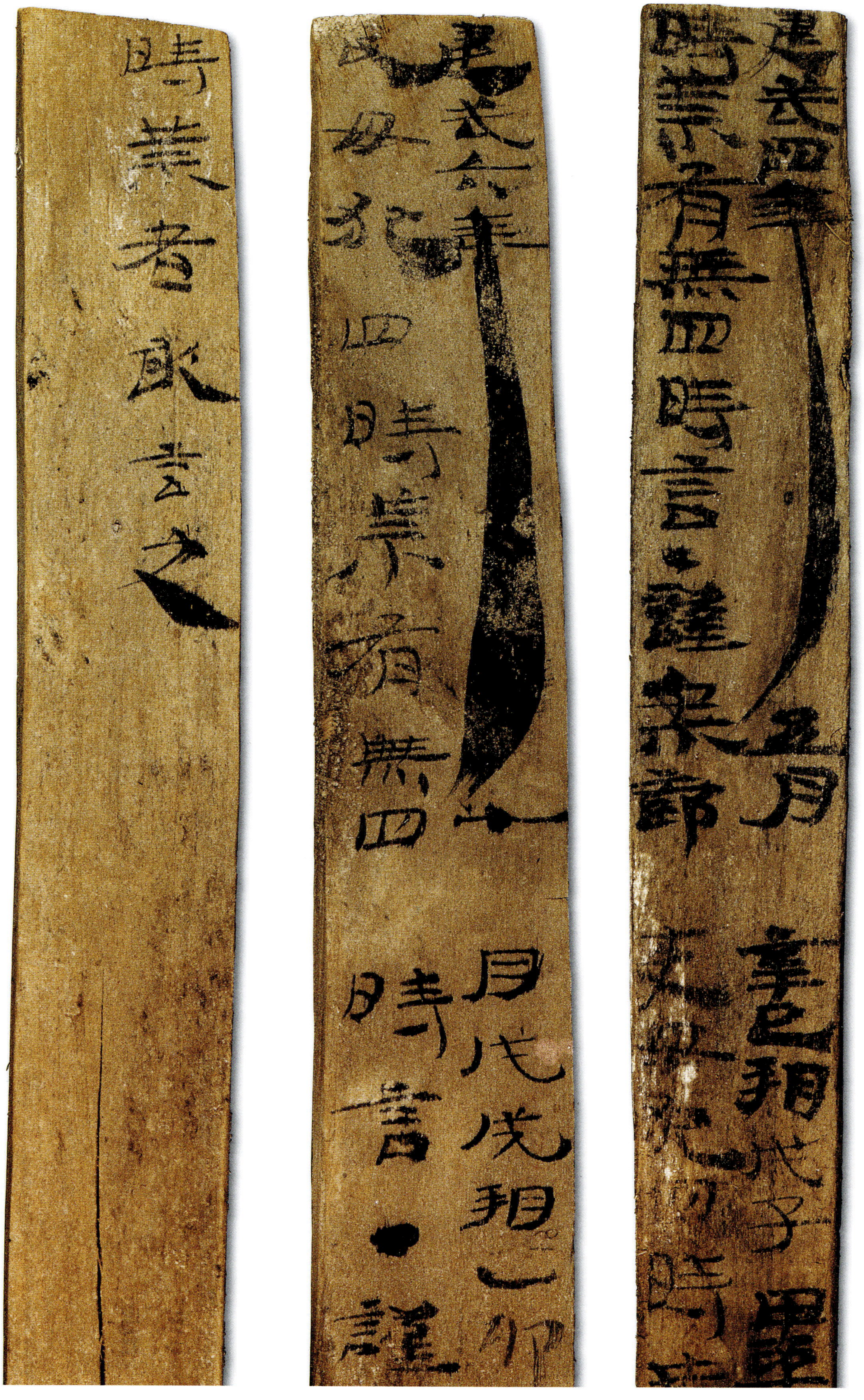

甲渠四時文書(2)(局部)

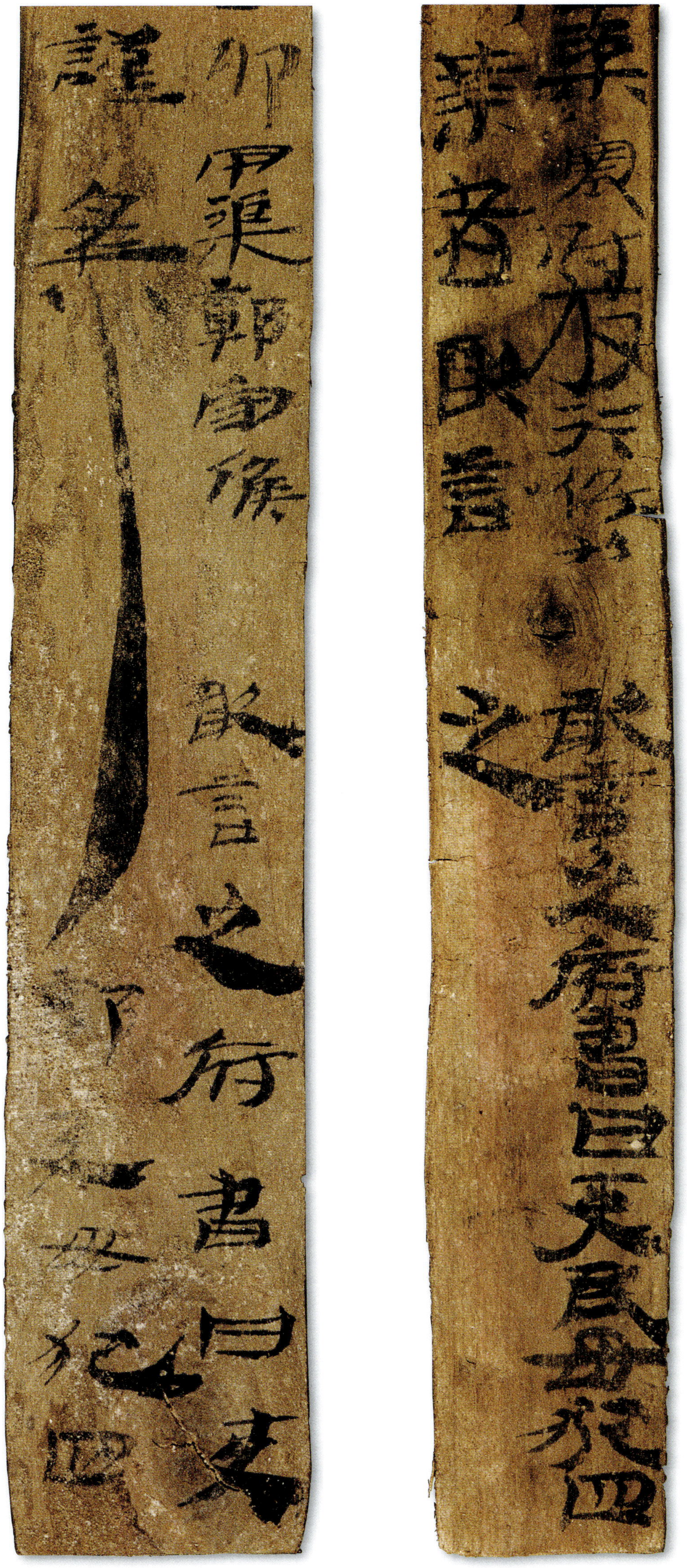

甲渠四時文書(2)(局部)

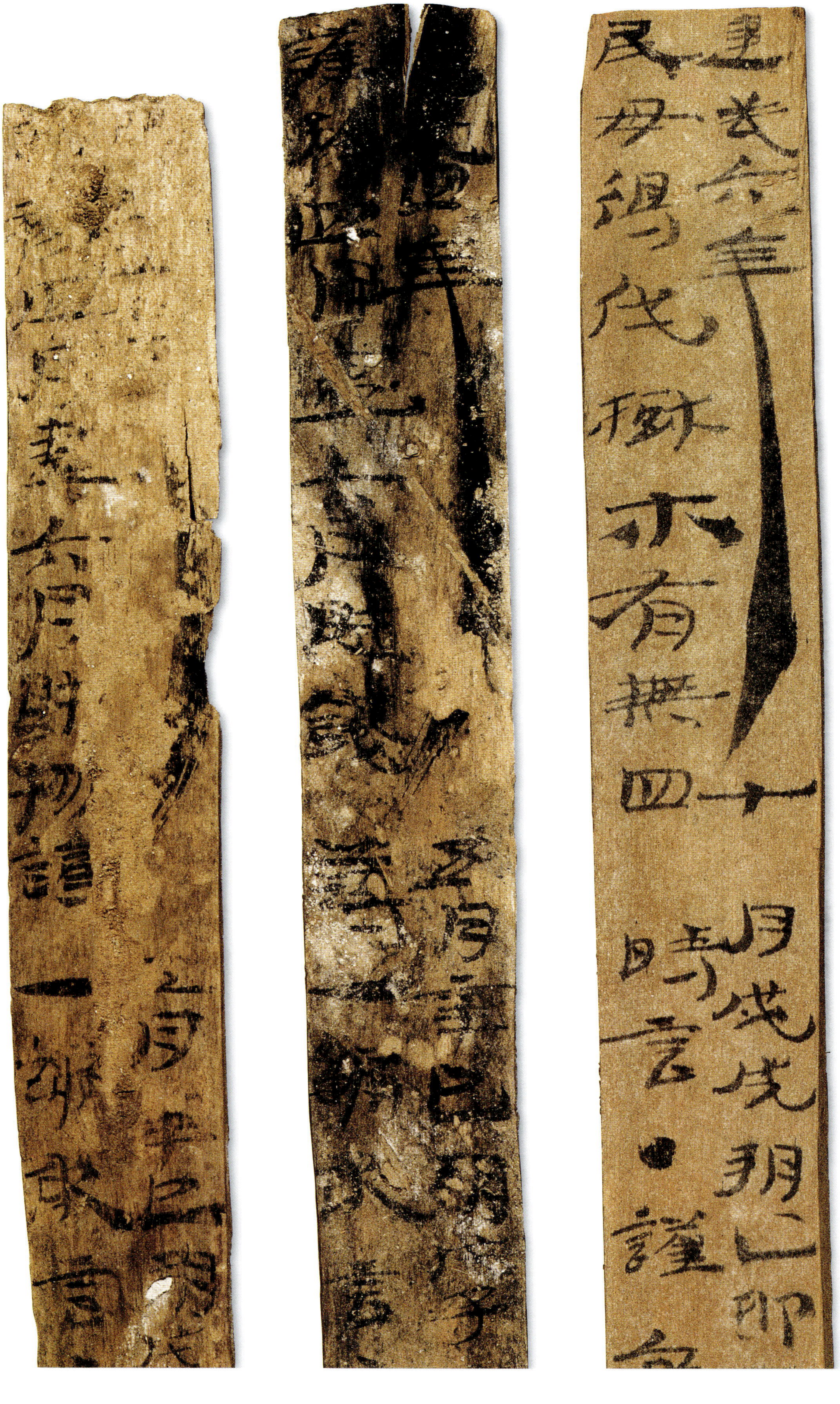

甲渠四時文書(2)(局部)

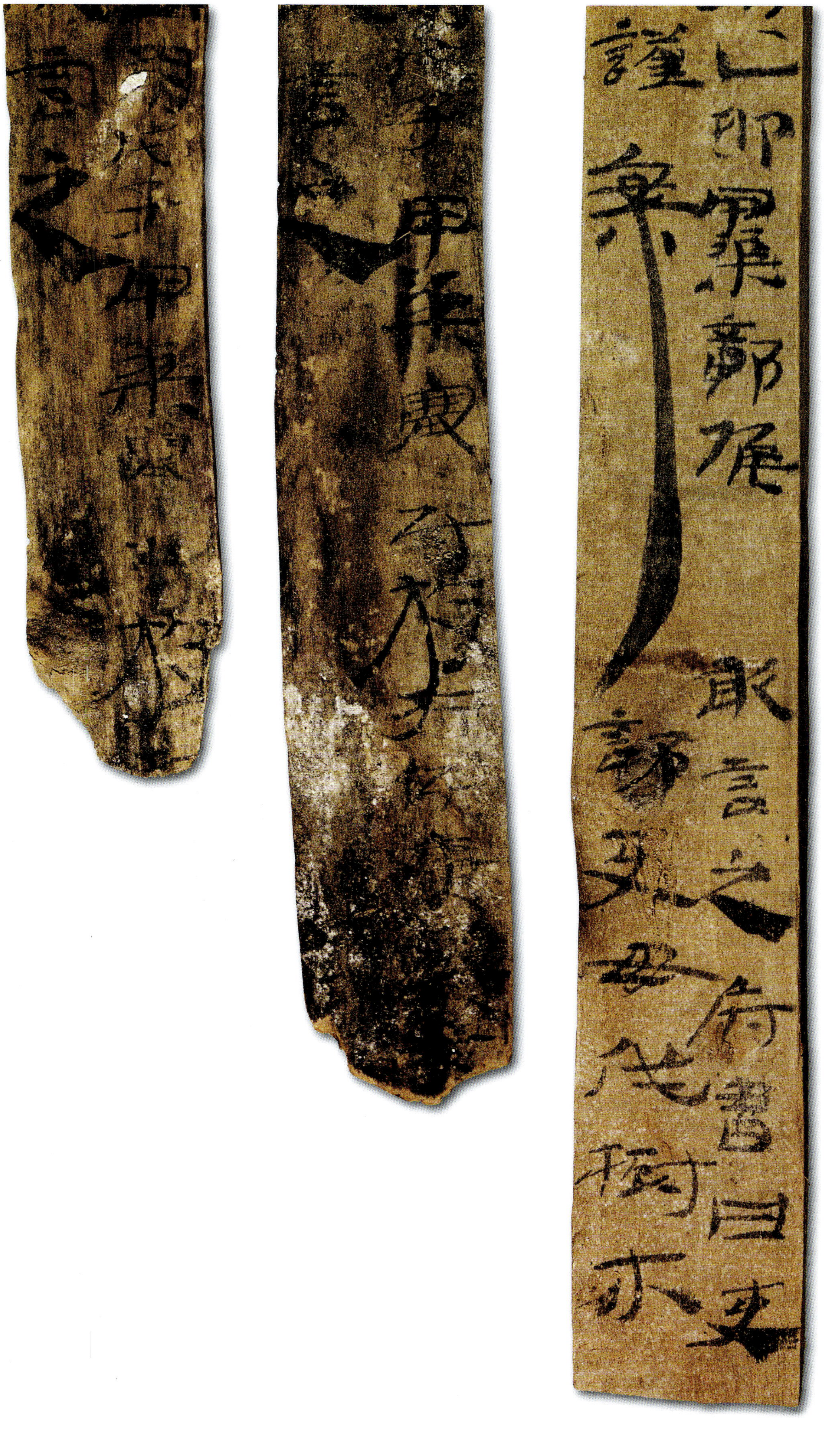

甲渠四時文書(2)(局部)